Dieses Erinnerungsbuch gehört

....

Für deine Zeit bei uns in der:

....

Datum des Abschieds:

....

Mein Name

Mein Spitzname

Das ist mein Traumberuf

Das ist mein Lieblingsfach in der Schule

Deshalb werde ich Sie vermissen

Das mache ich in meiner Freizeit am liebsten

Das wünsche ich Ihnen für die Zukunft

Mein Name

Mein Spitzname

Das ist mein Traumberuf

Das ist mein Lieblingsfach in der Schule

Deshalb werde ich Sie vermissen

Das mache ich in meiner Freizeit am liebsten

Das wünsche ich Ihnen für die Zukunft

Mein Name

Mein Spitzname

Das ist mein Traumberuf

Das ist mein Lieblingsfach in der Schule

Deshalb werde ich Sie vermissen

Das mache ich in meiner Freizeit am liebsten

Das wünsche ich Ihnen für die Zukunft

Mein Name

Mein Spitzname

Das ist mein Traumberuf

Das ist mein Lieblingsfach in der Schule

Deshalb werde ich Sie vermissen

Das mache ich in meiner Freizeit am liebsten

Das wünsche ich Ihnen für die Zukunft

Mein Name

Mein Spitzname

Das ist mein Traumberuf

Das ist mein Lieblingsfach in der Schule

Deshalb werde ich Sie vermissen

Das mache ich in meiner Freizeit am liebsten

Das wünsche ich Ihnen für die Zukunft

Mein Name

Mein Spitzname

Das ist mein Traumberuf

Das ist mein Lieblingsfach in der Schule

Deshalb werde ich Sie vermissen

Das mache ich in meiner Freizeit am liebsten

Das wünsche ich Ihnen für die Zukunft

Mein Name

Mein Spitzname

Das ist mein Traumberuf

Das ist mein Lieblingsfach in der Schule

Deshalb werde ich Sie vermissen

Das mache ich in meiner Freizeit am liebsten

Das wünsche ich Ihnen für die Zukunft

Mein Name

Mein Spitzname

Das ist mein Traumberuf

Das ist mein Lieblingsfach in der Schule

Deshalb werde ich Sie vermissen

Das mache ich in meiner Freizeit am liebsten

Das wünsche ich Ihnen für die Zukunft

Mein Name

Mein Spitzname

Das ist mein Traumberuf

Das ist mein Lieblingsfach in der Schule

Deshalb werde ich Sie vermissen

Das mache ich in meiner Freizeit am liebsten

Das wünsche ich Ihnen für die Zukunft

Mein Name

Mein Spitzname

Das ist mein Traumberuf

Das ist mein Lieblingsfach in der Schule

Deshalb werde ich Sie vermissen

Das mache ich in meiner Freizeit am liebsten

Das wünsche ich Ihnen für die Zukunft

Mein Name

Mein Spitzname

Das ist mein Traumberuf

Das ist mein Lieblingsfach in der Schule

Deshalb werde ich Sie vermissen

Das mache ich in meiner Freizeit am liebsten

Das wünsche ich Ihnen für die Zukunft

Mein Name

Mein Spitzname

Das ist mein Traumberuf

Das ist mein Lieblingsfach in der Schule

Deshalb werde ich Sie vermissen

Das mache ich in meiner Freizeit am liebsten

Das wünsche ich Ihnen für die Zukunft

Mein Name

Mein Spitzname

Das ist mein Traumberuf

Das ist mein Lieblingsfach in der Schule

Deshalb werde ich Sie vermissen

Das mache ich in meiner Freizeit am liebsten

Das wünsche ich Ihnen für die Zukunft

Mein Name

Mein Spitzname

Das ist mein Traumberuf

Das ist mein Lieblingsfach in der Schule

Deshalb werde ich Sie vermissen

Das mache ich in meiner Freizeit am liebsten

Das wünsche ich Ihnen für die Zukunft

Mein Name

Mein Spitzname

Das ist mein Traumberuf

Das ist mein Lieblingsfach in der Schule

Deshalb werde ich Sie vermissen

Das mache ich in meiner Freizeit am liebsten

Das wünsche ich Ihnen für die Zukunft

Mein Name

Mein Spitzname

Das ist mein Traumberuf

Das ist mein Lieblingsfach in der Schule

Deshalb werde ich Sie vermissen

Das mache ich in meiner Freizeit am liebsten

Das wünsche ich Ihnen für die Zukunft

Mein Name

Mein Spitzname

Das ist mein Traumberuf

Das ist mein Lieblingsfach in der Schule

Deshalb werde ich Sie vermissen

Das mache ich in meiner Freizeit am liebsten

Das wünsche ich Ihnen für die Zukunft

Mein Name

Mein Spitzname

Das ist mein Traumberuf

Das ist mein Lieblingsfach in der Schule

Deshalb werde ich Sie vermissen

Das mache ich in meiner Freizeit am liebsten

Das wünsche ich Ihnen für die Zukunft

Mein Name

Mein Spitzname

Das ist mein Traumberuf

Das ist mein Lieblingsfach in der Schule

Deshalb werde ich Sie vermissen

Das mache ich in meiner Freizeit am liebsten

Das wünsche ich Ihnen für die Zukunft

Mein Name

Mein Spitzname

Das ist mein Traumberuf

Das ist mein Lieblingsfach in der Schule

Deshalb werde ich Sie vermissen

Das mache ich in meiner Freizeit am liebsten

Das wünsche ich Ihnen für die Zukunft

Mein Name

Mein Spitzname

Das ist mein Traumberuf

Das ist mein Lieblingsfach in der Schule

Deshalb werde ich Sie vermissen

Das mache ich in meiner Freizeit am liebsten

Das wünsche ich Ihnen für die Zukunft

Mein Name

Mein Spitzname

Das ist mein Traumberuf

Das ist mein Lieblingsfach in der Schule

Deshalb werde ich Sie vermissen

Das mache ich in meiner Freizeit am liebsten

Das wünsche ich Ihnen für die Zukunft

Mein Name

Mein Spitzname

Das ist mein Traumberuf

Das ist mein Lieblingsfach in der Schule

Deshalb werde ich Sie vermissen

Das mache ich in meiner Freizeit am liebsten

Das wünsche ich Ihnen für die Zukunft

Mein Name

Mein Spitzname

Das ist mein Traumberuf

Das ist mein Lieblingsfach in der Schule

Deshalb werde ich Sie vermissen

Das mache ich in meiner Freizeit am liebsten

Das wünsche ich Ihnen für die Zukunft

Mein Name

Mein Spitzname

Das ist mein Traumberuf

Das ist mein Lieblingsfach in der Schule

Deshalb werde ich Sie vermissen

Das mache ich in meiner Freizeit am liebsten

Das wünsche ich Ihnen für die Zukunft

Mein Name

Mein Spitzname

Das ist mein Traumberuf

Das ist mein Lieblingsfach in der Schule

Deshalb werde ich Sie vermissen

Das mache ich in meiner Freizeit am liebsten

Das wünsche ich Ihnen für die Zukunft

Mein Name

Mein Spitzname

Das ist mein Traumberuf

Das ist mein Lieblingsfach in der Schule

Deshalb werde ich Sie vermissen

Das mache ich in meiner Freizeit am liebsten

Das wünsche ich Ihnen für die Zukunft

Mein Name

Mein Spitzname

Das ist mein Traumberuf

Das ist mein Lieblingsfach in der Schule

Deshalb werde ich Sie vermissen

Das mache ich in meiner Freizeit am liebsten

Das wünsche ich Ihnen für die Zukunft

Mein Name

Mein Spitzname

Das ist mein Traumberuf

Das ist mein Lieblingsfach in der Schule

Deshalb werde ich Sie vermissen

Das mache ich in meiner Freizeit am liebsten

Das wünsche ich Ihnen für die Zukunft

Mein Name

Mein Spitzname

Das ist mein Traumberuf

Das ist mein Lieblingsfach in der Schule

Deshalb werde ich Sie vermissen

Das mache ich in meiner Freizeit am liebsten

Das wünsche ich Ihnen für die Zukunft

Mein Name

Mein Spitzname

Das ist mein Traumberuf

Das ist mein Lieblingsfach in der Schule

Deshalb werde ich Sie vermissen

Das mache ich in meiner Freizeit am liebsten

Das wünsche ich Ihnen für die Zukunft

Mein Name

Mein Spitzname

Das ist mein Traumberuf

Das ist mein Lieblingsfach in der Schule

Deshalb werde ich Sie vermissen

Das mache ich in meiner Freizeit am liebsten

Das wünsche ich Ihnen für die Zukunft

Mein Name

Mein Spitzname

Das ist mein Traumberuf

Das ist mein Lieblingsfach in der Schule

Deshalb werde ich Sie vermissen

Das mache ich in meiner Freizeit am liebsten

Das wünsche ich Ihnen für die Zukunft

>> Ich bin eine Frau mit Klasse! Also eine Lehrerin... <<

>> Hinter jedem lebensfreudigen Kind steht eine großartige Lehrerin <<

>>Eine Lehrerin nimmt eine Hand,
öffnet ein Geist und berührt ein Herz <<

>> Bildung ist die mächtigste Waffe, um die Welt zu verändern <<

>> Lehrerinnen, die das Lehren lieben,
lehren Kindern das Lernen zu lieben <<

>> Es bedarf eines großen Herzens, kleine Geister zu formen <<

>> Der Einfluss einer guten Lehrerin kann niemals verschwinden <<

>> Bildung schafft Selbstbewusstsein. Selbstbewusstsein schafft Hoffnung. Hoffnung schafft Frieden. <<

>> Lehrerinnen ermutigen Geister zu denken, Händen zu schaffen und Herzen zu lieben <<

>> Gute Lehrerinnen zeigen Kindern, wohin sie schauen sollen und nicht was sie dort sehen sollten <<

>> Ohne Lehrerinnen hätte die Welt keine Klasse <<

>> Die besten Lehrerinnen lehren mit ihrem Herzen,
nicht nur mit ihrem Geiste <<

>> Die Fähigkeit jemandem etwas beizubringen ist eine Gabe <<

>> Eine Lehrerin ist nicht nur zum Lehren da. Sie spendet Trost, schlichtet Streitigkeiten, berät bei Problemen und muntert auf <<

>> Lehrerin, oder auch Zirkus-Dompteurin, Kummerkasten, Benimmtrainerin und Freundin. <<

>> Lehrerinnen säen die Samen des Wissens, die ein Leben lang erhalten bleiben. <<

Gedruckt, vertrieben und verkauft via Amazon.com Inc. oder einer Tochtergesellschaft

Cover Canva

Impressum: Mats Müller | Krokusweg 8 | 26316 Varel

Printed in Poland
by Amazon Fulfillment
Poland Sp. z o.o., Wrocław

33039216R00040